AF299779

DISCOURS

SUR LA VIE ET LES TRAVAUX

DE

CHARLES DE LASTEYRIE

Lu à l'Assemblee générale

DE LA SOCIÉTÉ POUR L'INSTRUCTION ÉLÉMENTAIRE,

Le 2 juin 1850.

CHARLES PHILIBERT DE **LASTEYRIE**

à l'âge de 67 ans.

CHARLES DE LASTEYRIE.

Messieurs,

L'éloge d'un homme comme M. de Lasteyrie doit consister tout entier dans le souvenir de ce qu'il a fait, dans le tableau de sa vie. Il est assez loué par ses actions pour se passer d'un panégyrique. Le nom de ce digne citoyen, aussi dévoué et zélé pour le bien public que simple et modeste dans toutes ses habitudes, ne doit pas périr dans la mémoire des hommes.

Bien des institutions utiles et vraiment libérales le réclament comme fondateur ou comme patron ; mais c'est surtout celle qui fut créée, en 1815, pour généraliser chez nous l'instruction populaire et en répandre les bienfaits dans toute la France ; c'est à ce titre principalement que ses travaux doivent être rappelés dans cette enceinte. Nous tâcherons d'en présenter une image fidèle, nous, son collègue dès les premiers jours, et son ami de trente-cinq ans, mais avant tout ami de la vérité. Si nous complétons ce tableau par le récit succinct de ce qu'il a fait pour les arts, pour l'agriculture surtout, ce n'est pas pour anticiper sur ce que d'autres seront appelés à dire ; c'est pour ne pas laisser absolument dans l'ombre des traits qui font honneur à M. de Lasteyrie ; et, d'ailleurs, la Société pour l'instruction élémentaire, en répandant les premières connaissances, n'a-t-elle pas aussi pour but de faire avancer l'agriculture et l'industrie, afin d'augmenter la somme de bien-être à laquelle ont droit tous les hommes ?

Celui qui a coopéré aux progrès des arts utiles a donc travaillé pour la même fin que notre Société, et elle lui doit pour cela même un hommage de reconnaissance.

Charles Philibert de Lasteyrie du Saillant naquit à Brives la Gaillarde, département de la Corrèze, le 4 novembre 1759, le dernier de treize enfants. Ayant perdu son père peu après sa naissance, il fut mis dans une pension, à Turenne. L'instruction y était presque nulle ; mais un volume de Locke, tombé entre ses mains, développa son goût pour les lectures sérieuses, et fit germer en lui ces idées de philosophie pratique dont sa vie fut un long exemple. En même temps qu'il se livrait à la lecture, il s'exerçait à la fatigue, et cherchait à endurcir son corps en faisant de longues courses et dormant sur la dure. Il avait commencé ses études à Limoges ; on l'envoya à Paris pour les achever, et comme destiné à l'état ecclésiastique ; mais, dépourvu de toute vocation pour cette profession, il ne songea qu'à chercher une carrière qui fût plus de son goût, et il pensa que les voyages pouvaient le conduire à son but. En conséquence, il se livra à l'étude des langues vivantes, et, aussitôt qu'il en eut fait une étude suffisante, il exécuta un premier voyage en Angleterre. C'était vers 1780. Il put alors connaître, à Londres, le célèbre Fox , sir Joseph Banks, de retour d'un voyage avec le capitaine Cook, Wilberforce, Adam Smith, Arthur Young, surtout sir John Sinclair, et d'autres personnes marquantes versées dans les questions économiques. Le continent de l'Italie, la Sicile, la Suisse furent ensuite l'objet de plusieurs de ses excursions, jusqu'à l'année 1789. Pendant ces voyages, il eut de fréquentes occasions d'appliquer son goût pour l'observation et de recueillir d'utiles renseignements. Il était à Genève quand éclata la révolution française. C'est de la grande époque de 1789 que date la direction que prirent ses idées en matière politique. Partisan des réformes, applaudissant à ce qu'il y avait de généreux dans les principes de la révolution , il en blâmait les excès, il en fuyait les désordres. L'aîné de la famille, le marquis de Lasteyrie du Saillant , avait épousé la sœur de Mirabeau ; cette circonstance mit en rapport Charles de Lasteyrie avec le grand orateur, et bientôt avec le général Lafayette. Au lieu d'émigrer, comme ses frères, il se retira à la campagne, au château de Guermantes, près Lagny, qu'habitait une branche de sa famille. Là, mettant en pratique les procédés de culture qu'il avait vus à l'étranger, labourant de ses propres mains, il échappa à la proscription. C'est aussi là qu'il choisit la compagne de sa vie, union douce et parfaite, qui ne contribua pas peu à son bonheur.

Dès que le sol, ébranlé par les convulsions politiques, se fut un peu raffermi, et lui permit de reprendre le cours de ses voyages économiques, il visita l'Espagne, la Belgique, la Hollande, le Danemark, la Suède, la Norvége, la Laponie; c'était vers 1799. Il avait connu Lavater en Suisse, Dolomieu à Malte, le cardinal de Bernis à Rome, et d'autres hommes distingués. Plus tard, il connut le général Laharpe, précepteur d'Alexandre, Fellenberg à Hofwyl; il parcourut l'Auvergne en compagnie du même Dolomieu. Il voyageait habituellement à pied : c'était un marcheur infatigable; il y trouvait l'avantage de mieux voir la campagne et les travaux des champs, de mieux connaître les arts et les mœurs des populations. Il revint une fois de Naples à Paris sans mettre une seule fois le pied en voiture (1). Il retourna encore une fois en Italie, en Suisse, en Espagne. Dans ce dernier pays, il étudia la culture du pastel et du cotonnier, et surtout la belle race ovine connue sous le nom de mérinos. Plus tard, Tessier devait en enrichir la France; mais c'est à Charles de Lasteyrie que l'on doit d'avoir prouvé qu'il était possible de naturaliser chez nous cette race précieuse. Ce qu'il a écrit sur ce sujet, ainsi que sur les deux cultures dont je viens de parler, a été traduit en plusieurs langues (2). On lui doit encore la publication en français de l'ouvrage anglais de Léopold Berchtold, intitulé : *Essai pour diriger et étendre les recherches des voyageurs qui se proposent l'utilité de leur patrie* (Paris, 1792, 2 volumes in-8°).

Combien il est à regretter que cette utile production n'ait pas fixé davantage l'attention publique, et surtout les regards des hommes d'État! On n'a pas su assez, et l'on ne sait guère davantage aujourd'hui, combien il serait avantageux pour la France de développer l'esprit d'entreprise, d'encourager les voyages lointains. De bons citoyens, des hommes éclairés, ont souvent, depuis un demi-siècle, appelé de leurs vœux et provoqué par leurs démarches et leurs écrits, tantôt les encouragements du gouvernement, tantôt la sympathie de l'opinion publique, en faveur des explorations scientifiques, ou même simplement commerciales ; mais leur voix n'a pas été entendue : l'autorité comme le public est restée presque sourde à leur appel. Et pendant ce temps qu'est-il arrivé? C'est que l'accroissement considérable de la population n'a fait qu'accroître l'embarras d'année en année.

Et cependant la France est aussi bien située, ou mieux, peut-être, que tout autre pays, pour faciliter ces expéditions. La nature ne l'a-t-elle pas assise sur trois mers? Ne lui a-t-elle pas donné deux cents ports et plus de trois cents lieues de côtes, et une grande population maritime? Ne sait-on pas que la Hollande et l'Angleterre ont acquis, autrefois, par le commerce exotique, des richesses immenses qui ont agrandi à son tour leur puissance territoriale et politique? Et, de nos jours, n'avons-nous pas vu une jeune république, l'Union américaine, malgré l'étendue illimitée de son territoire continental, se livrer avec ardeur aux expéditions maritimes, et arriver en quarante années à une prospérité inouïe? Je ne crois pas nécessaire, messieurs, d'excuser cette digression ; il est assez évident que les conseils de Berchtold, mis à la portée des lecteurs français par notre collègue, dès 1792, auraient produit un grand bien s'ils avaient été mis en pratique, et qu'ils auraient évité à la patrie de grands maux et de grandes douleurs. Mais tirons un voile sur des jours de deuil ; faisons que l'expérience éclaire enfin tous les esprits, et rendons hommage à Charles de Lasteyrie, qui avait devancé, il y a cinquante-huit ans, ce vœu patriotique, en choisissant et publiant, dès son début, un ouvrage capable d'influer sur nos destinées.

Il avait, en 1802, concouru et même présidé, comme nous le dirons tout à l'heure, à la formation de la Société d'encouragement pour l'industrie nationale, avec Benjamin Delessert, Chaptal et beaucoup d'autres citoyens zélés pour le bien public; comme tel, il avait contribué au progrès de l'industrie et de l'agriculture par plusieurs publications. Mais l'Allemagne lui offrit bientôt une nouvelle palme à cueillir ; il s'agissait d'un art tout à fait nouveau, encore peu avancé, l'art inventé par Senefelder. Charles de Lasteyrie, qui dès 1809 s'était occupé de la lithographie, résolut d'en doter son pays (5). C'était en 1814. Il fait presque coup sur coup deux voyages en Bavière, engage d'habiles ouvriers lithographes, se fait ouvrier lui-même, rapporte des pierres, une presse et tout le matériel lithographique. Il ouvre enfin un grand établissement, et, au bout de peu de temps, il produit et multiplie indéfiniment des écritures, des dessins, des figures de toutes sortes, qui font déjà entrevoir ce que peut devenir la lithographie, et toute l'importance économique, artistique et commerciale qu'auront un jour ses applications. Charles de Lasteyrie est donc le véritable créateur, en France, de la lithographie ; le pays lui est redevable non-seulement de cette nouvelle branche de l'art, mais de plusieurs perfectionnements importants (4). Ce qu'on n'a pas assez connu, c'est qu'au lieu de tirer parti pour sa fortune de cette importante découverte, comme il le pouvait aisément et comme l'autorisaient à le faire les pertes sensibles qu'il avait essuyées, il laissa la lithographie dans le domaine public. La libre exploitation du nouvel art amena bientôt, et c'était son ardent désir, des progrès considérables. Un brevet eût procuré à Charles de Lasteyrie un monopole très-lucratif ; il préféra enrichir les arts et le commerce : voilà bien le vrai citoyen libéral, le philosophe pratique, ami avant tout de la prospérité publique ! Lui-même fit profiter les sciences de la nouvelle invention ; il publia, dans son établissement de lithographie, une collection de *machines, instruments et ustensiles* propres à l'économie rurale et domestique, d'après les dessins recueillis pendant ses voyages dans les différentes parties de l'Europe, 1820-25, 2 vol. ; l'*Histoire naturelle des mammifères*, par Geoffroy Saint-Hilaire et Frédéric Cuvier, figures coloriées, 1819-1825, in-fol. ; l'*Anatomie de l'homme*, par Béclard et J. Cloquet, 1821, planches in-fol ; les *Planches anatomiques du corps humain*, par Antommarchi, 1825, in-fol., etc.

Il avait recueilli, à grand'peine et à grands frais, une collection considérable de produits industriels et agricoles, et d'objets d'économie domestique, avec une bibliothèque spéciale appropriée à ces différentes matières. Cette collection, il la destinait généreusement au public, pour en faire le noyau d'un musée. Cette création eût été d'une grande utilité pour l'avancement des arts, pour l'enseignement pratique, pour l'amélioration du pays : que ne l'a-t-on adoptée il y a quarante ans, comme le voulait notre collègue, ce véritable et désintéressé philanthrope ? L'industrie et l'agriculture en auraient certainement profité, et l'on ne nous reprocherait peut-être pas, à l'étranger, comme on le fait avec raison, d'être arriérés sous le second de ces rapports, malgré un demi-siècle d'efforts presque stériles, malgré des réformes incessantes qui ne sont malheureusement que politiques au lieu d'être économiques : comme si on ne voyait pas que ces dernières sont la source du *bien-être*, et qu'avec le bien-être le gouvernement et l'administration sont chose facile et commode ; tandis que c'est l'inverse quand l'aisance est rare et que la gêne est commune. En proposant ce plan, Charles de Lasteyrie devançait l'idée d'une institution qu'on réclame aujourd'hui avec instance, parce que l'on en sent le besoin et qu'on regrette le temps perdu (5). Puisse-t-on, pour le réparer. ne pas s'y prendre un peu trop tard ! Puisse-t-on aussi renoncer, en France, à cet esprit de dédain et de légèreté, cette manie de dénigrement qui s'attache trop souvent aux vues de bien public, qui repousse les idées fécondes lorsqu'on ne les a pas conçues soi-même, les pensées salutaires quand elles émanent d'un autre ; heureux quand ce n'est pas la jalousie qui les écarte. sentiment plus dommageable encore, parce qu'il peut dessécher le talent, affaiblir le patriotisme et décourager la vertu !

Ce découragement n'a jamais atteint Charles de Lasteyrie. Jamais son zèle ne s'est refroidi, ne s'est ralenti. Nous le voyons participer à la création de la Société philanthropique, en 1801, et de la Société d'encouragement pour l'industrie nationale, en 1802. L'une et l'autre, on le sait, ont rendu de grands services, (la seconde surtout) à l'universalité du pays. Notre collègue a fait plus que d'assister à la naissance de cette dernière ; il y a présidé avec Benjamin Delessert (6). La société anglaise du même titre en avait inspiré la pensée ; mais combien elle a été dépassée ! Quelques services que Charles de Lasteyrie ait rendus à son pays, cette création patriotique est peut-être celle qui lui fait le plus d'honneur, vu la grande part qu'il y a prise, celle qui lui mérite le plus de reconnaissance. Aussi la Société d'encouragement lui a témoigné sa gratitude en le nommant et le réélisant vice-président pendant plus de quarante années consécutives.

J'arrive à ce qui touche plus directement notre Société.

Il était impossible qu'un esprit aussi ardent pour le bien public ne se portât pas vers une autre amélioration, non moins grande que celle de l'industrie et des arts, plus grande même puisqu'elle est la base de toutes les autres, puisqu'elle en est le principe fondamental : je veux parler de la diffusion des connaissances élémentaires parmi toute la population. Sous ce rapport, comme sous plusieurs autres, la France était plus arriérée que la Suisse, la Hollande, l'Allemagne, la Suède, le Danemark, l'Angleterre ; à peine quelques-unes de ses provinces dépassaient l'Espagne et l'Italie. Un quart au plus de la jeune population fréquentait nos écoles, et, le peu qu'elle apprenait, elle l'oubliait bientôt dans les travaux des champs et ceux des ateliers ; de là les plus tristes habitudes ; de là, pour la jeunesse française, l'impossibilité presque absolue de mettre à profit les découvertes dans les arts ; de se nourrir des principes de la religion et de la morale, indispensables au soutien des États ; de connaître et de pratiquer les devoirs sociaux. Ajoutez à cela l'immense majorité des adultes, et un sexe presque tout entier, tous privés du pouvoir de lire un bon livre, une lettre de famille, un texte quelconque ; privés du bonheur d'écrire à un père, de répondre à un fils absent, de la faculté de signer un acte public, de tracer de sa propre main un vote, un vœu quelconque.

Ce n'est pas devant vous, messieurs, qu'il faut étendre ce tableau de notre misérable situation intellectuelle avant 1815, puisque vos efforts de trente-cinq ans ont constamment tendu à y porter remède, et, grâce au ciel, ont bien avancé l'œuvre de réparation ; mais vous me pardonnerez d'avoir esquissé en quelques mots ce triste état de la France, parce qu'il fait mieux ressortir les obstacles immenses qui devaient arrêter les efforts de Charles de Lasteyrie et des hommes de bien avec qui il travaillait à cette grande amélioration. S'il a été donné à celui qui a l'honneur de parler devant vous d'y coopérer avec Charles de Lasteyrie, il lui sera permis de raconter, mais succinctement (7), cet épisode marquant de l'année 1815.

Par un concours fortuit, trois ou quatre personnes s'étaient donné ou avaient reçu, à la fin de l'année précédente, la mission d'étudier les méthodes de Bell et de Joseph Lancaster pour l'enseignement de la lecture, de l'écriture et du calcul, méthodes florissantes depuis quinze années dans la capitale de l'Angleterre, mais dont la guerre avait empêché notre patrie d'avoir connaissance. Bientôt, celui qui nous avait apporté la vaccine, le duc de la Rochefoucauld-Liancourt, publiait la traduction du livre où était décrit le mode lancastérien ; de son côté, M. Delaborde donnait son ouvrage. Charles de Lasteyrie publia à son tour un écrit, sous le titre de « *Nouveau système* « *d'éducation pour les écoles primaires*, adopté dans les quatre « parties du monde ; exposé de ce système ; histoire des mé— « thodes sur lesquelles il est basé ; de ses avantages et de l'im- « portance de l'établir en France. 1815, in-8°. » Le retour de Napoléon de l'île d'Elbe fut la cause efficiente qui porta l'attention générale sur ce point, sujet qui aurait pu, comme tant d'autres choses utiles, rester inaperçu et tout à fait négligé. Grâce au ciel, le ministre de l'époque, le général Carnot, n'était pas homme à laisser dans l'oubli un si grand intérêt; il proposa des mesures efficaces à Napoléon, qui les adopta avec empressement. Il créa un premier comité de cinq membres, composé des trois personnes qui avaient fait le voyage d'Angleterre (M. Delaborde, l'abbé Gaultier et un troisième), de M. Charles de Lasteyrie, qui venait de publier la nouvelle méthode, et de M. de Gérando, ce propagateur si ardent et si éclairé de toutes les améliorations philanthropiques (8). Voici la lettre qu'écrivit alors le ministre Carnot aux membres du comité, le 7 mai 1815 :

« Monsieur,

« Je m'empresse de vous envoyer deux arrêtés que je viens « de prendre relativement au décret du 27 avril dernier sur le « perfectionnement de l'éducation primaire.

« Je compte sur vos lumières et vos soins pour me seconder
« dans cette entreprise que l'on peut appeler grande et impor-
« tante, puisqu'elle intéresse la prospérité de l'État, et doit
« contribuer au bonheur d'une grande partie de la nation.

« Le ministre de l'intérieur : CARNOT. »

Plus tard, furent adjoints au comité M. Frédéric Cuvier et
M. Say, qui avait aussi visité l'Angleterre (9). Au dedans, le comité travaillait presque chaque jour, dans des séances présidées
par le ministre, lui-même à l'examen et au choix des moyens à
prendre ; au dehors, ses membres s'étaient réparti les opéra-
tions actives. Charles de Lasteyrie avait pour mission de pré-
parer les instruments et les matériaux nécessaires aux écoles
nouvelles, notamment les ardoises réglées, les crayons en
schiste et en talc à employer pour l'écriture, chose alors presque insolite, mais que l'expérience a fait reconnaître, partout,
comme étant de bon usage et d'un emploi économique. Per-
sonne n'était plus assidu aux séances que M. de Lasteyrie. Nul
n'aurait soupçonné, à voir son zèle et son activité, qu'il était
notre doyen d'âge (après l'abbé Gaultier toutefois). Le 16 mai,
il entrait dans une commission chargée de *choisir sans délai les
livres propres à être mis dans la main des enfants*, et de former un
livre spécial pour les écoles élémentaires. Il rédigea, avec M. de
Gérando, le programme de la composition d'un tel ouvrage,
qui manquait absolument.

Le même jour, il était nommé d'une commission pour exa-
miner le plan du syllabaire.

Le 7 juin, il visitait l'ancien collége de Lizieux, proposé par
un autre membre, afin d'y établir une école élémentaire pour
trois cent cinquante élèves.

Le 14 juin, on le chargeait de présenter, avec deux autres
membres, un nouveau modèle de calligraphie française, de
faire venir un approvisionnement d'ardoises, et de procurer des
crayons à l'école nouvelle.

Le 8 août, il faisait venir le jeune Georges Schlatter, moni-
teur dans la grande école de Borough-road, à Londres (mais
fils d'un officier français), pour remplir la même fonction dans
la nouvelle école élémentaire.

Dans le même temps que le comité d'action, institué en vertu du décret impérial, préparait tout au ministère de l'intérieur pour la création et l'organisation d'une *école modèle*, à *Paris*, il se formait ici une vaste association philanthropique pour répandre l'instruction primaire *par toute la France*, à l'aide de la nouvelle méthode. Cette réunion venait de naître au sein même de la Société d'encouragement pour l'industrie nationale, qui, elle, comprenait tout l'avantage, que dis-je? la nécessité de l'instruction primaire, partout généralisée, pour amener le progrès des arts.

Charles de Lasteyrie fut le premier vice-président de la nouvelle Société. Dès sa première assemblée générale, le 17 juin 1815, il présenta un projet de règlement ; il continua tout le temps, nous le savons, de coopérer à nos travaux avec la plus grande assiduité, et de lutter, comme nous tous, contre une opposition aveugle et malveillante. Plus tard, il fut nommé l'un des cinq présidents honoraires, en récompense de ce qu'il avait fait pour la cause de l'éducation.

Le 5 novembre 1815, le préfet de la Seine, le comte de Chabrol, ayant créé près de lui un « conseil d'instruction primaire « de onze membres, chargé d'arrêter les mesures nécessaires « pour étendre le bienfait de l'instruction gratuite, au moyen « du nouveau système, à toutes les familles pauvres domici- « liées dans l'étendue de la préfecture. » Charles de Lasteyrie fut nommé membre de ce conseil, et il y montra, comme à la Société, comme au ministère de l'intérieur, un zèle et une activité des plus louables. On peut donc, à bon droit, regarder Charles de Lasteyrie comme un des fondateurs de l'enseignement mutuel en France, et par conséquent comme un des principaux auteurs de l'impulsion puissante qui a triplé le nombre des jeunes Français fréquentant les écoles primaires.

Si l'on voulait énumérer toutes les publications utiles de Charles de Lasteyrie, toutes les réunions et les sociétés de bien public dont il faisait partie (10), toutes les bonnes actions que sa modestie a cachées, il faudrait prolonger beaucoup ce court récit : il est temps de s'arrêter. Mais pourquoi taire ce trait peu commun de sa vie, savoir, qu'il refusa, par simplicité, peut-être un peu par humeur républicaine, mais non par orgueil, la distinction de la Légion d'honneur que lui offrait, de la part de l'empereur, son ami Lacépède, le savant illustre qui fut le premier chancelier de cet ordre. Sous la restauration, il fut secrétaire du conseil général de l'agriculture ; mais il perdit cet emploi pour avoir soutenu avec indépendance la candidature de M. Ternaux : c'est à quoi se bornent les fonctions publiques qu'il a exercées.

L'habitude qu'il avait prise des voyages lui avait été salutaire ; il la conserva par reconnaissance jusqu'aux dernières limites de la vie. Plus que septuagénaire, il retourna en Belgique, en Angleterre, en Écosse, en Irlande, accompagné de son digne fils, son cher Ferdinand, pour étudier les méthodes d'éducation, les procédés de culture. Presque nonagénaire, il se rendait à pied de Paris à la campagne, et revenait de même dans la capitale pour assister assidûment aux assemblées dont il était membre ou vice-président, actif ou honoraire. Aux champs, même dans la saison avancée, il partageait son temps entre l'étude et le jardinage ; à la ville, nul n'aurait pu disputer avec lui d'exactitude pour l'accomplissement des devoirs. Le 28 octobre 1849, un de ces devoirs l'appela dans la capitale : ce fut la dernière fois qu'il put s'en acquitter ; peu d'heures lui restaient, sa quatre-vingt-dixième année avait sonné ; la mort le saisit pour ainsi dire debout : c'est ainsi qu'il voulait mourir. Le sage s'éteignit, avec le calme d'une bonne conscience, le 5 novembre 1849.

Tant de travaux utiles, messieurs, un dévouement aussi noble, aussi constant, au bien public ; un zèle patriotique aussi pur et aussi désintéressé, méritent à Charles de Lasteyrie la reconnaissance de ses concitoyens, et lui assurent des droits particuliers à celle de la Société pour l'enseignement élémentaire. Il recueillit, pendant sa longue carrière, de nombreux témoignages de l'estime publique ; dans l'avenir, sa mémoire recevra les mêmes hommages : qu'elle soit donc à jamais honorée parmi nous, et que son nom vénéré reçoive ici l'expression de nos regrets sincères pour une perte aussi douloureuse, et malheureusement irréparable (11) !

JOMARD.

APPENDICE.

Plusieurs autres travaux et actes de Ch. de Lasteyrie méritent, comme applications industrielles, qu'on les mentionne ici, pour ne rien omettre d'essentiel. J'en emprunte l'énumération au Bulletin de la Société d'encouragement pour l'industrie nationale, recueil dont la publication n'a pas moins contribué, que les prix offerts par cette société, au développement et aux immenses progrès de notre industrie, depuis le commencement du siècle ; je suivrai simplement l'ordre chronologique.

Ire année de la Société, an xi (1805); page 16 : Annonce de l'ouvrage *sur les bêtes à laine fine de race espagnole*, fruit des voyages de Ch. de Lasteyrie en Espagne, dès l'an 1798. — Page 18 : Analyse du *traité des constructions rurales*, publié par Ch. de Lasteyrie, avec atlas, notes et additions relatives à l'agriculture française, an x. — Page 156 : Analyse développée de l'*histoire de l'introduction des moutons à laine fine* d'Espagne dans les divers États de l'Europe, etc., an xi (1802), in-8°.

IVe année, an xiii (1805) ; page 151 : Observations de Ch. de Lasteyrie *sur les obstacles qu'on éprouve dans l'éducation des moutons de race espagnole* et les moyens d'y remédier ; — ibid., page 294 : Expériences de Ch. de Lasteyrie *sur les lampes à courant d'air ;* — ibid. , page 504 : Remarques de Ch. de Lasteyrie *sur l'emploi de l'aloès* dans la fabrication du fil et de la dentelle, tel qu'il l'a vu pratiquer en Catalogne.

V^e année (1806) ; page 58 : Observations de Ch. de Lasteyrie *sur les moulins à broyer le plâtre* qu'il a vus en Espagne, et qui sont tout semblables à ceux d'Égypte.

VIe année (1807); page 42 : Description d'une serrure anglaise par Ch. de Lasteyrie (serrure construite d'après le principe de la serrure égyptienne). (*Voir* V^e année, page 177.)

VIe année (1807); page 107. — M. de Lasteyrie ayant remarqué pour la première fois, entre les mains d'un particulier de Copenhague, *une plume métallique*, et en ayant reconnu l'excellent usage, chargea un artiste habile, M. Bouvier, de confectionner en grand des plumes de cette espèce. Celui-ci fabriqua alors des plumes semblables, et il imagina en outre de faire des plumes à double fin, servant à écrire en fin et en gros (au moyen d'une languette). Cette fabrique fut la première établie en Europe.

VIIe année (1808) ; page 76 : Analyse de l'ouvrage de Ch. de Lasteyrie, intitulé : *du Cotonnier* et de sa culture, ou Traité sur les diverses espèces de cotonnier, etc., Paris, in-8° ; fig.

VIIIe année (1809) ; page 191 : Observations *sur les lavoirs usités en Espagne* pour le lavage des laines.

Ibid.; page 510 : *Notes sur l'exploitation des ardoises de Plattberg,* en Suisse.

IXe année (1810) ; page 151 : Description d'un *instrument pour dessiner la perspective.*

X^e année (1811); pages 147 et 179 : Mémoire *sur la culture du riz en France.*

XIIe année (1815) ; page 42 : Notice *sur un moyen de conserver la pomme de terre* un grand nombre d'années, en les réduisant en farine, même lorsqu'elles ont été gelées, et sur le pain qu'on peut faire avec cette farine.

Ibid.; page 267 : *Moyen prompt et facile de décalquer les dessins.*

XIVe année (1815); page 67 ; Rapport de M. de Gérando, du 29 mars, signé par Ch. de Lasteyrie, au sujet des *nouvelles écoles pour les pauvres.*

XVIIIe année (1819); page 567 : Ouvrage de Ch. de Lasteyrie intitulé : *Des fosses propres à la conservation des grains* et de la manière de les conserver. (Rapport sur cet ouvrage.)

XIXe année (1820); page 5 : Description d'un *Moulin à broyer le chocolat,* mû par un manége et employé à Barcelone.

Ibid.; page 295 : Sur la composition d'une *graisse pour*

adoucir le frottement des essieux de voitures, des engrenages et autres parties des machines.

XXIIe année (1825) ; page 20 : Rapport sur une *machine à éplucher le coton*, en usage aux États-Unis.

Ibid.; page 22 : Rapport *sur une école des arts établie à Édimbourg.*

XXIVe année (1825) ; page 165 : *Journal des connaissances usuelles et pratiques*, ou Recueil des notions immédiatement utiles aux besoins et aux jouissances de la société (ouvrage mensuel). Paris, 1825.

XXIXe année (1850); page 26 : Les *cartes géographiques*, produites par la lithographie de Ch. de Lasteyrie, sont citées dans le programme des prix n° XI.

XXXIIIe année (1854) ; page 46: *Don fait à la Société d'encouragement* par Ch. de Lasteyrie d'une nombreuse collection de livres relatifs à l'industrie, et d'échantillons de matières relatifs à l'économie domestique.

XXXVIe année (1857); pages 159 et 217: Opuscule ayant pour titre : *Typographie économique*, et Rapport sur cet ouvrage.

XLe année, page 515. — M. de Lasteyrie propose à la Société de faire paraître, sous son patronage, des médailles ayant pour objet de rappeler les grands services rendus à l'industrie par Papin, et, de nos jours, par Fulton. Plus tard, il a proposé qu'on plaçât le buste de ce dernier dans la salle des séances, bien qu'il n'ignorât pas que longtemps avant Fulton l'on avait imaginé en France l'emploi de la vapeur pour la navigation (ce n'est que de 1807 que date la navigation du premier bateau à vapeur de Fulton).

XLe année ; page 505. — M. de Lasteyrie ayant exprimé le désir de résigner les fonctions de vice-président, qu'il a exercées depuis l'origine, le conseil, tout en accédant avec regret au vœu de M. de Lasteyrie, et voulant lui témoigner les sentiments dont il est pénétré pour son noble caractère, lui confère le titre de vice-président honoraire.

XLVe année (1846); page 652.—Remarques de M. de Lasteyrie
sur les briques creuses des Romains, pour l'égouttage des terres
humides, employées dans leurs thermes d'Italie et d'Espagne,
et sur le parti qu'ils tiraient des terres locales pour la fabrication céramique.

XLVIIe année (1848); page 694. — On rappelle que M. de Lasteyrie, avec M. Ternaux, a employé avec succès les marrons
d'Inde à la nourriture des chèvres du Thibet et des moutons.

Ibid.; page 715. — Dès 1805, il avait fait des expériences
pour dépouiller le marron d'Inde du principe âcre ou amer
qu'il contient, et en tirer une fécule sans saveur et mandu-
cable. Son procédé est décrit dans la *Décade philosophique,*
an XI.

Plusieurs ouvrages sont à joindre à ceux que j'ai précé-
demment indiqués; en voici les titres : *Société en faveur des
savants et des hommes de lettres.* Paris, 1801, in-8". (L'ouvrage seul existe, le projet d'association n'a pas eu de suite).—
Traité des constructions rurales, traduit de l'anglais, avec des
notes et des additions. Paris, an X, in-8°et atlas in-f°. —*De l'en-
graissement des bestiaux,* etc. Paris, 1804, in-12.— *Constitution
de la monarchie espagnole,* traduit de l'espagnol. Paris, 1814,
in-8°. — *Catéchisme politique* de la Constitution espagnole, à
l'usage des écoles primaires, traduit de l'espagnol. Paris, 1815,
in-8°. — *Méthode naturelle de l'enseignement des langues,* in-
structions pour les maîtres et les élèves. Paris, 1826. in-8°. —
Plusieurs articles du *Dictionnaire d'Agriculture* de Rozier. —
Les Maximes de Sextius, traduction française avec commen-
taires. — *Sur la liberté de la Presse.* — *Sur les droits naturels
de l'Homme en société.*— Plusieurs livres pour l'instruction des
enfants du peuple.

N. B. Le portrait de Charles de Lasteyrie, qui est joint à
cette notice, est réduit d'après la belle peinture qu'à donnée
son fils à la Société d'encouragement.

NOTES.

—

(1) On raconte que, dans cette promenade peu commune, il avait pour compagnon de voyage un chien moins bon marcheur que lui, et qu'il le porta plus d'une fois dans ses bras quand l'animal était fatigué.

(2) Voir *Traité sur les Bêtes à laine d'Espagne* et leur éducation, leurs voyages, la tonte, le lavage et le commerce des laines, les causes qui donnent la finesse aux laines, etc. Paris, 1799, in-8°, fig. — *Histoire de l'introduction des moutons à laine fine d'Espagne* dans les divers États de l'Europe, au cap de Bonne-Espérance, etc. Paris, 1802, in-8°. — *Du Cotonnier et de sa culture;* sur la possibilité et les moyens d'acclimater cet arbuste en France. Paris, 1808, in-8°, fig. — *Du Pastel, de l'Indigotier*, etc. Paris, 1811, in-8°.

(3) On sait que, vers 1796, Senefelder établissait déjà une imprimerie lithographique en Bavière : il s'en servait pour la musique et pour des dessins peu compliqués. Un ingénieur français, membre de cette Société, en mission dans ce pays en 1805, y vit les produits du nouvel art, qui déjà promettaient beaucoup ; mais il n'en rapporta qu'un simple souvenir, au lieu d'importer en France l'art lui-même, dès cette époque, comme il aurait dû le faire.

(4) M. André d'Offenbach avait bien donné en France, en 1807, connaissance de la lithographie, comme en Angleterre, dès 1801 ; mais il n'établit pas en France d'imprimerie lithographique.

(5) Voyez l'écrit de M. Mathias, intitulé : *Observations sur les bibliothèques professionnelles.*

(6) « En l'an IX de la République (1801), M. de Lasteyrie, qui « revenait de Londres, se rendit chez M. Benjamin Delessert; « plusieurs hommes, amis de leur pays et éminents dans les « sciences, l'industrie et l'administration, se trouvaient dans « ce moment dans les salons de la rue Coq-Héron. M. de Las- « teyrie parla de ce qu'il avait remarqué dans son voyage, et

« surtout de la Société fondée à Londres, en 1754, sous le ti-
« tre de : *Société pour l'encouragement des arts, des manufactures
« et du commerce.* Il fit ressortir tous les services qu'elle avait
« rendus à l'industrie anglaise. A cette époque, il existait à
« Paris un grand nombre de sociétés savantes ; mais celles qui
« s'occupaient spécialement de l'industrie étaient mal organi-
« sées et fonctionnaient mal. Après avoir causé quelque
« temps sur ce sujet, on reconnut la nécessité de fonder à Paris
« une *Société d'Encouragement* à l'instar de celle de Londres,
« et les premières bases de cette création furent immédiate-
« ment posées. On fit circuler une liste d'adhésion, et. le 12
« vendémiaire an X, une réunion préparatoire eut lieu, etc. »
(Extrait du rapport sur les fondateurs de la Société d'encouragement, fait au nom du bureau par M. Théodore Olivier,
Bulletin, XLVIIᵉ année, page 510.)

(7) C'est là un événement qui mérite une histoire à part :
nous travaillons depuis longtemps à en rassembler les matériaux.

(8) M. de la Rochefoucauld-Liancourt refusa d'en être membre, apparemment faute de loisir ou de santé.

(9) M. le pasteur Martin, de Bordeaux, désigné pour la direction de l'école modèle, prenait séance au comité.

(10) En voici une liste abrégée : Société philanthropique,
Société centrale d'agriculture, société d'encouragement, Société philomathique, Société de vaccine, Société d'enseignement
élémentaire, Société de la morale chrétienne, Société des méthodes, société asiatique, Société d'horticulture, le Comité
grec (en 1825), le Comité polonais (en 1851) ; enfin, beaucoup
de sociétés étrangères, telles que la Société patriotique de
Stockholm, la Société rurale de Gœttingue et d'autres dont on
n'a pas la liste complète.

(11) Je ne puis terminer sans dire que je dois à M. Ferdinand de Lasteyrie la plupart des traits qu'on vient d'entendre
de la vie domestique de son père.

Paris. — Imprimerie Schneider , rue d'Erfurth, 1.

www.ingramcontent.com/pod-product-compliance
Ingram Content Group UK Ltd.
Pitfield, Milton Keynes, MK11 3LW, UK
UKHW020145080726
13614UKWH00005B/2411